AF392465

Luis Alberto Crespo

... Pasado vuelo

Editorial La hoja de la calle
2020

Editorial La hoja de la calle

Presidente
Maximiliano Malavé

Vicepresidenta
Zully Rojas

Coordinadora de corrección
Carol Hernández

Coordinador de diseño
Arturo Mariño

@lahojadelacalle
www.lahojadelacalle.org
lahojadelacalle@gmail.com

Colección poesía
1ª edición digital, La hoja de la calle; 2020
1ª edición impresa, editorial El barco ebrio; 2017

... *Pasado vuelo*
© Luis Alberto Crespo

Diseño de portada
Arturo Mariño

Corrección
Zully Rojas

Diagramación
Maximiliano Malavé

Imagen de portada
Pintura de Leonardo Acosta

Depósito Legal: DC2020001080
ISBN: 978-980-7091-15-2

REPÚBLICA BOLIVARIANA DE VENEZUELA

... o perseguir una paja seca
JOB

I

… y que la espina no se parezca más
a mi hermano

que no lo queme el rocío
ni me moje de rojo cuando me toque

2

Delante de ti caen las hojas en el pasado
… y escuchas al horihuelo
la obstinación

… ¿tienes dónde estar?
La puerta

¿Con quién vives?
Entro y salgo

¿Alguien más?
Sí   el final

4

… una canoa se aleja
por el Arauca inmóvil

¿Por qué no en ti mismo?

5

… y hay hojarascas con la noche
por dentro

y un pozo   el único pozo
con todo el llano en lo hondo

6

… también hay montes
como rayados con lápiz

por error

y paisajes
como mal copiados

por equivocación

pero al menos es eso

al menos

… el sentimiento de aquella huerta quiso retenerme
pero le hacía falta mi ausencia

La vi pasar
Tenía miedo

8

… lo efímero me ha acosado
Intenté inventarme para evitarlo

Vivía inmóvil
como una costumbre

Orégano   échame tierra

… me buscaron
Querían saberlo

"¿hasta cuándo lo que punza?"

y vino una playa
a reclamar el absoluto

Desde esa vez
no soy de aquí

10

… todavía pienso en mi casa
Se agarra de mí

Mis pasos eran su lugar

Sus ladrillos me enseñaron la aridez
de no devolverme

y hubo un jebe en lo encendido
un jebe   que en lugar árbol despedía

… algo espera lo último
entre las cañas

y aún se tarda lo que fue amarillo
o cristofué

12

… llévame a conocer un geranio

¿Es cierto que pide silencio
si te mira?

¿Que después   cuando se marchita
se yergue   se alza

y no se queda quieto
allá arriba?

Dime cuál es
cuál de esas noches

13

… me trae lo rugoso
el malogro

Te hablan con la boca escarpada
la aridez del pan

Por eso
la muerte es allí antigua

Por eso
y en lo mismísimo
en lo tácito

14

… ahí
es muy hosco conmigo

Un poco más
hace lo mismo

Nadie   siempre tan único
no da razones

Todo   tampoco lo sabe
De nunca   nada supe

De pronto no se atreve a mostrarse
y se ilusiona

Ya se ha callado
o se marcha

como cuando te quedas de espaldas

… ¿quién perdió tu caballo rucio?
¿Cómo saberlo
que no sea lo que acabó en tu estribo?

16

… qué flacura   Dios mío
Si la arena se diera cuenta

No abras la boca
Se te vería Cristo

Esconde tu cuerpo
No pierdas su única pluma

Cuidado

La vida
ha salido hoy de cacería

… que yo voltee
y vea mi ser en el despeñadero
como en el yopo

ese momento luminoso
de la pérdida

18

… siento el olor del comino

Es ella que llega
su otro lado desnudo

¿Será todavía única cuando se me acerque?

Wang wei   aún

… ¿quién soy yo?
pregunta la escoba
No sé
contesta el polvo
pero me haces mal

20

… que no sea por lo cercado
donde lo fijo vaga
ni por el hoyo que escarba el regreso

sino por el ocre
por penitente

… yo sé leer las líneas de la mano
Muéstrame las tuyas

No las encuentro
No las veo

Perdona   Nada puedo saber de ti
No puedo   Eres muy nómada

22

… ¿cómo son los taciturnos?
Me encontré un hueso de almendro

¿Son de ellos esa semilla
que las piedras reclaman

para que florezca cuando ardan?

… al fin te reconoce la tierra plana
al fin sí eres un cualquiera

24

… dime ¿cómo te digo tú
entre tantas pérdidas?

¿De qué lado
de ti empobreces

y sientes que te halan
por haber sido?

Deshojamiento

… la que se ha desprendido
aún no encuentra suelo
para morir

la más solitaria
busca un árbol derribado
donde temblar eternamente

La más breve   la de fin de vida
aún no ha sido
y se seca

26

Adobe

… si es barro ¿por qué lo llamas así
cuando te ofrece la arruga de su casa
y su sentido

en tus labios resecos
el agua dura de su nombre?

… estas curvas tienen razón
Por ellas no se llega al secreto

Son muchas
Son bastantes

No son fieles

28

… un bicho de la noche
Su sombra blanca
sobre el borde blanco

Un lloriqueo
en el enrejado herrumbroso

o es ya
como la hierba mora

29

a Acevedo

… esta no es una palma

Su delgadez
es urna de su sombra

La verdadera es la que ves más allá
en la resolana   porque ya fue

30

… por no tener dónde estar
el rocío se oculta   es un místico

y por no hallar a qué ofrecerse
la llama enciende la ceniza

Sólo lo que nos recuerda
es un lugar sin fondo

31

… si andas por tanta tierra frágil
no dures mucho bajo el sombrero
Pesarías demasiado

32

… ¿qué día es hoy?

-es domingo
la última elegía

… pienso en la pequeña del plumaje bruno
dentro de la espesura

pero ya no la necesito
ya no hace como el remordimiento

34

… en esta región tan vacía
hasta una silla es alguien

… aquí hubiera sucedido lo que ahora te niega
Habría logrado su saña

si no fuera por esa marca finísima
que atravesó lo aciago

36

… y esa mata   esa mata
desprendida del filo de una hoja

¿por qué no es como nosotros
aferrados a lo que se derriba?

… cuando la ciudad muestra una rendija
es dos veces ella

de este lado una esquina
del otro una cabeza baja

38

… puedo perdonarte
que hayas despedido al que ya no está
Él tan solo quería celebrar que se iba
que no te vería más

pero lo que no te perdono
es lo que le hiciste al cuello del jacinto
al regalarle como recuerdo
el fin de su flor

… voy a amarte
te traeré su misterio

Ya vuelvo

Bajaré hasta mí
a buscar su aridez

Espérame

40

… el aleteo de la montañera
es como si uno tuviera un dios muy cerca

… del recuerdo de aquella mapora
sólo quedan estos tres puntos

Tú los borras
para escribir el aire que la agita

42

Adivino

… cubrirse con lluvia
cuando el éxtasis es amigo del vellón blanco
y alucina

… algo
es un borde

44

… yo le pido a la ortiga
enséñame   esotérica

¿Por qué el hombre
te sucede por dentro?

-porque es allí
donde ninguno me entiende

… el tallo doblado
es cadalso de la espiga

la orilla del florero
suicidio de la flor

morir de agua
fatalidad del verano

¿y el temor de ser?
ni siquiera eso

46

1

La otra infancia

a Sebastián y a Ezequiel

… yo maté una lagartija
porque era una belleza verde
La quería de adorno
pero se apagó   se hizo real

En mis ojos se posó un colibrí
Lloré de emoción
lloré la lágrima viva que es ardiente
y se vino abajo

y 2

a F.J.

… escribí además que me fui a cazar pájaros
Derribe al más pequeñito
Temblaba herido y antes de acabarse
me decía silencioso que lo dejara vivir

Todavía me lo dice

48

… sigue el rumbo del polvo   síguelo
para que nada te falte

en tu necesidad de disminuirte con la paja del tarero
o por hermetismo   donde nadie se ve

Bando

… algo los espera
y mata lo que fueron

Les disparan
como si los recordaran

Desde aquí
puedo oírlos

Han muerto
por lejanos

50

"¿Qué es eso en el ojo de la lagartija?"
Czeslaw Milosz

… lo que está
raya lo que dice la mirada
y es secreto el silencio

El estoraque en el vacío
se curva en la memoria

La hierba tiembla
entre las huellas del tigre

Huela a culebra sudada
y a caballo foeteado
cuando te secas

… tú me adivinas
me creas observándome
pájaro vaco de los pantanos

¿Quién soy
en tu graznido?

¿Cómo permanezco
en tu aleteo

y sigo siendo
el que te derriba?

52

… le sonrío a lo que me maltrata
del que me persigue soy su amigo íntimo
a quien me rechaza nunca lo abandono
con el que me ofende tengo tratos de dulzura
y el odio anda buscándome
para hacerme carantoñas
Salgo a encontrarlo   entusiasta

Yo soy su perro

53

Latido   no lo sé
no soy sagrado

No   no puedo
soy un sentimiento que me asedia
y busca ennoblecerme

Mejor no
sería cal después

54

… No quiso que la escuchara
Su canto en el ramaje era sólo para verlo
Mientras lo hice siguió cantando
No se iba de mis ojos
Desde entonces cuanto dejo de mirar
solloza

55

… aún esto   de lado
sí aún

donde lo último
es aquello ralo

y ayuda

ayuda
en la vacuidad

56

… llovizna
das otra sed   otra sequedad

no es agua
es saliva de hombre callado

… ¿cómo harás para curar al país
con tu culpa
y sanar la herida de ignorar a su gente
que significa un tordito?

58

Metí mis manos en el agua
y no se mojaron

Lavarlas me devolvió el polvo

Tú   en cambio   sí sabes humedecerme
vena abierta de recordar

… poca es la vida
para escribir poesía

Cuando al fin lo logras
sucede lo irremediable y pierdes

No insistas
Di que no fuiste tú

60

… cualquiera gota
mancha lo luminoso

Cuando cae
es llaga donde se calcina

y entonces florea la pringamoza
porque se hiere

… si me olvidas
miraré una sabana

Si no puedo tocarte
usaré la seda

Si además me desconoces
te acusaré con la fantasía

y si al fin me sorprendes
yo seré tu ausencia

62

… soy de la mirada
de esa provincia

de ella vengo
y a ella vuelvo

Mi única patria
es estar sin mí

63

… cuando la claridad
sea continuo desprendimiento

la colina plana
que yo busco

64

… he amarrado este animal
para que huya y nadie pueda alcanzarlo

Si lo desato
aun la cuerda lo sujeta

No sólo porque muere
corre libre

sino porque es lo único
que lo devuelve

65

… ¿adónde seguirán las huellas
si pisan el abismo?

¿Qué ha de hacer el banco del parque
para poder estar al fin consigo?

¿Y la tierra en las nubes
todavía sin saber de nosotros?

66

… ¿por qué no es sauce
mientras vivo

y paso con él por mí
cuando se inclina?

Su forma quiere ser un punto vano
en la espesura

pero no puede
no   no puede serlo

por sauce
de tanto destello

… allá nos llevaba   allá iba adelante
y nosotros detrás de él

Halábamos una mula
como si el pedregal por donde pasábamos
le pesara

Fuimos una montaña ascendiendo
y la llevábamos

Pero ¿por qué llamas a eso metafísica
y no Quíbor?

68

… no me creas
nunca fui como quiere lo huidizo

Me ha hecho suyo el vencimiento

No puedo seguir
siento dolor en las espuelas

Viaje en auto

… me quedé dormido
cerca del puente

Luego desperté

¿Ya llegamos al otro lado?

No   sigue durmiendo
me advirtieron

Todavía no
Eso es en la otra vida

70

… ha vuelto a pringar
la llovizna te enflaquece

El mal tiempo te obliga a inclinar la cabeza

Mírate caer

… aquí no hay hechizos
aquí sólo hay una cabra rota
como un trapo

Aquí no siembran semillas
aquí siembran a un arriero y en lugar de un fruto
cosechan una cruz

Dime Pavese
¿por qué detrás de cada colina
espera siempre el destierro?

72

… me gustaba tu corbata
Cómo distraía tu mirada cuando flameaba

Te hacía hombre remoto
Fue lo único que encontraron de ti

… de pronto pasó por la calle
lo malvado

Me tapó con la mano el corazón
para que no te llamara

Había ruido de maizal
en los cuartos

Se oía música entre los nísperos
y en las bocas

la palmera mapora decía
viento claro
viento claro

¿Por qué entonces?
¿Por qué?

74

… un ciervo un venado
de bronce
se detiene sobre un zócalo
en el parque

Es fuerte es joven
con varias ramas sobre la cabeza

Los hambrientos le disparan con los ojos
pero él sigue vivo

… a ella le gusta mostrarse afligida
y deja los harapos de la ofensa

Si le preguntaras por qué razón lo hace
te mentiría con el color a orine de su lágrima

Te diría que no es nada no es nada
que es por esa llaga de creer en ti

76

… viene un camino por los barrancos
Mejor me refugio en una orilla
para que no me deje pedregoso

Se acercan a socorrerme
y me apartan como un valle

a la espera de que pase algún rastro
allá   por lo alto   bien alto

… hoy llegó el silencio
a   estar un poco con nosotros

Llegó desde lo sordo
Pequeño   frágil   débil
sin muchas ganas de quedarse

Su boca apretada
como hacen las tunas

El aire lo golpeó muy suave
con el borde de la cortina

y se fue   no volvió

78

… sobre un lecho de viento y de hilo
dos cuerpos se abandonaron a la delicia

Ninguno vino a despertarlos
Amarse les cambió su semejanza
Fueron   como siempre ocurre
nadie

Los ramajes movían lo yerto
y la sequía las aguas

… la noche alumbra
el pozo colmado

La fronda estrellada
estremece la superficie

Ahora es día claro
El titilar de anoche continúa
aún sobre el agua

las taras y las palometas
ahogándose

80

… yo cruzaba lo enorme entre unas ramas claras
y me purificaba

Yo rozaba con la mirada la rosa de la montaña
y me encendía

Más tarde me adentré bajo los altos alcornoques
y se me oscureció el pensamiento

81

… algo ha de ocurrir
porque no volteo el rostro

Desensillo
Aún se escucha mi galope

No me he movido del aire
por eso poco fui

82

… en la nostalgia nunca amanece
y cualquier participio pasado es pena perdida

……

… y no me despiertes
si duermo

aún no he llegado

escribo

83

… ¿por qué hay tantos dones
en la hosquedad del peladero?

¿Por qué es ilusión
permanecer así en lo derruido?

¿y dónde dice
que la pobreza de este suelo
es la elevación de cada quien?

84

… y aun no sé
cómo hace el reflejo de la estrella
para dejar de ser mi mariposa

II

85

… una hoja anduvo detrás de un bosque   Vi
que no se aquietaba   Fue verde un tiempo   Luego
palideció y al fin se secó como un pájaro apedreado
pero insistía en su búsqueda
No sé de qué árbol vino
ni como se llamaba   Cruzó varias veces por mi vista
Ahora se ha detenido en mi pensamiento
                                    su reposo en tierra estéril

86

a Robert Walser

… alguien embojotado con trapos (el paraguas
como una rama de murciélagos) va de una calle a
otra
y prosigue su camino por los alrededores
o después
donde se desnudan los pinos y los abetos
y empieza una línea sola hasta que se mete en el
olvido

(de *Las hojas de las palabras*)

87

… se reunieron los que pasaban   Se miraron
los que nada sabían del otro   Volvieron a sus manos
los que nunca supieron hacer nudos
y hallaron las palabras quienes callaron
por creerse únicos   Alguien
entonó un canto extraño
pero ninguno supo terminarlo

Era lo sagrado

Museo del hombre

… se adornaban de púrpura y oro
para degollar al enemigo susurrándole algo tierno
al oído
y se bajaban de sus mejores caballos
por querer destinarlos a la cría del bronce

Unos dioses les sanaban las llagas
y les devolvían el corazón apuñaleado
para que rabiara en el combate
como sus animales de guerra

Al regresar   si regresaban
sus mujeres no sabían si eran ellos
o la pira que los consumía
y se satisfacían desnudas con el olor de sus ropas

89

Otro país

a Samuel Darío Maldonado

… llevan indios sin paga compensados con la guasa y
el miserabilismo
Han desbrozado a disparos un bando de perdices
porque no hallan al venado y al báquiro
Se escucha la risotada el alboroto de la chercha
el ronroneo del monólogo y se siente la oscura mudez
que es como lo salvaje   como "el malestar de la
dejación de algo…"

(de *El país ausente*)

… pero qué cosa
dudar de ese burro
y de donde vino
ahí   bajo las matas de Pernalete

con su tufo de haber llegado
y su rebuzno

Cómo te atreves
vele el parapeto que trae en el lomo
el trillo agrietado de tanta carga

Es gris rata o mohíno
o sea apaleado
o sea duro de lo burro que es

91

Aquel familiar

Sus ojos color del pus
Perse

… las piedras alineadas como fechas
el gato en un cuarto con cara de quimera
la polvareda como un salón abandonado
la silla hecha de cabra
con clavos de Gólgota

después él frente a un gran resplandor
el revoloteo del tapacamino
en sus distraídos ojos grises
de vivir armado

Escupió lo que nunca me dijo

… la pesarosa de patas rojas que yo desbaratara
para saber si su corazón era tan pequeño
como mi dedo ¿dónde volará?

y el ceibo que ceñí con una corona de brasas
para saber si su sombra era igual de larga
cuando cayó sobre la calle
¿todavía permanece anciano?

Borra lo que has escrito
bórralo todo
y contempla lo alto
Mira cómo pasas   mira cómo sombreas

93

Prosa para guitarra

a B. D. y a Sebastián

… mientras él tocaba hubo
como la caída de un vidrio ese lunes

Yo traté de decirme cosas de verdolaga
y romero húmedo para suspirar por lo que oía

Volvió a tocar y entonces leí en la canción
que había alguien como fijado con la miel en la tristeza

al lado de una cafetería roja
"donde siempre fue octubre por la noche"

y una cosa que esperaba a un hombre en el desierto

y algo muy desolado muy desolado una punta

… tú lo sabes   esto se hace más torvo
y sin declive como un arreo

denme tierra
denme tierra   sonaba

¿acaso quién?
¿por qué algo?

Eso es lo malo de las palabras
¿Sería verdad o cántico?

95

… no tengo alazán
para que sepas cómo te miro

ni reinita   enjaulado
para que sientas como me inquietas

y no me dejes tus manos
basta ya de hojas sueltas

ni me acerques tu silencio
este café negro en una calle con cerrojo
es más silencioso

Desde que te conozco
vivo muy lejos
y con frío   porque leo a Tranströmer

Ayer abrí la casa
Los que allí murieron me dijeron
que ya no se acuerdan de ti

… hallaron a Leys
el poeta de la distancias
(había llovido mucho)
al pie de un sicomoro
que bien pudo haber ido un ceibo
Alguien lo llamó
Nada dijo
Un poco de nieve habló por él
con los labios pálidos
Estaba leyendo a Hamlet
No lo terminó
En otra muerte suya concedió
"constato que la vida se aleja de mi"
Había subrayado el libro del príncipe amargo
La última línea
mostraba una mancha aún húmeda
Algo así como una punzada púrpura
en la memoria

97

… ¿dónde quedará la Rompía
su equivocación en lo dejado
su boca de agua?

¿La pisaría mi rucio argel?
¿el bayo de Madariaga en su estero?

¡Quién le dijo así   de tan mal usado modo
y sin mañana?

¿y por qué tan introvertida?

In memoriam

… Alfredo
Ahora que sopla el cerro
¿en qué lugar de la ceniza andas?
¿Cuándo regresas?
¿Por qué fue tan oscuro el edificio Saint Anthony
donde viviste?
¿Y por qué ahora se ve más claro
debajo de ti?

99

A Carmelo Aracas

… me dejaste   Carmelo
ensillaste tu rastro muy temprano

y te empequeñeciste
como hace la distancia

La única joroba sobre el médano
era tu guitarra

Juntos habíamos tejido nudos de bestia
mientras la vastedad pasaba por lo indeciso

Apenas te vi en una punta de ganado
con los palmares por dentro

donde empieza la fantasía

Juan Gelman

… un poco de pan
basta para que haya casa

un suelo apenas
para volar dormidos

y una mujer ese techo vivo
para no salir más nunca

101

… hubo aquella vivacidad
en la caña brava

Yo escribí en la pared
tu nombre de joven muerta

y me mirabas
         me mirabas

102

a E. de A.

… es un lugar al oeste
sin elevación   sin prodigio

donde esplenden lo desmedido
o lo murado

y donde nunca   entre las orillas
siempre persistió

103

… no
tú no eres cabro para soportar ese filo
a dos dedos de tu corazón
ni para prestarte al desollamiento
en el siniestro caserón de Surennes
y el harapo de pellejo que fuiste en el hospital
Santana
No
tú no eres de esa carnicería
para que te cuelguen del cuerpo
al garfio de los remedios
¿Por qué entonces te persigues
como un arenal de por vida?
Te llamaban hombre acosado
y te amarraban a tu camisa
para retardar el martirio

Pero sálvate
sé menos tú
no exclames

Yo supe de ti en el río
El agua pasaba por tu boca

mientras cruzaban unas barcazas

como lentos moscardones

Usa palabras sin palabras
y no te duela más como el cuchillo
atorado al balido

104

Raúl   de nuevo

… yo lo vi   lo vi   Se iba   muy después
por aquel hueco
metido en su caballo

inerte
como un cero

105

… me asomé al balcón
vino hasta él un árbol a perder su fronda
Cruzó un vuelo   Todavía lo hace
El ser humano se detuvo un rato
le confesó algo a un señor rumano
Aquella mujer usaba tu pañuelo
Otra saludaba con tus ojos
Pasó el lunes   ya no
Al fin llegaste

Sólo faltabas tú   Ya sabes quién

106

A Felicia

… me gusta que te quieran
Escucho música
cuando te desnudas para decírmelo

¿Es por eso que cruza un destello
por mi frente?

Diles quién soy
y qué hago cuando siquiera te rozo

Es bueno que te quieran
Me da sed saberlo

Tiene forma de flor
Tómala

… busca al lirio   el nuestro   hállalo
Póntelo sobre el pecho
para que se humanice

Libéralo de su ostentación
cuando se aje
y se pretenda lucero

108

… en este momento alguien escribe
por su modo de curvar los hombros
como si sostuviera un peso que no siente
la ropa de animal de pastoreo
los dedos tintos en alquimia
sus ojos lejos detrás de un augurio

Me pide que lo lea en una foto de librería
y muere como siempre

… oh basura de lo andado
oh sucio de detenerse

Hasta lo estrellado se pudre en el charco

110

… es lo que era
en Mariara

No sé si fui yo
quien se adelantó al puente
para verlo cruzar

después
mucho después
como la apariencia

Escrito con rabia

A Jorge Rodríguez

1

… prefiero sembrar los espinares
del hombre común
que la desmesura verde
de unos cuantos

Ser pastor de chivos
antes que arriero de "las ganancias
y las pérdidas"

Repartiré a escondidas el pan nuestro
de cada día
no vaya a ser que nos lo quiten
quienes comercian con nuestras bocas

y le cederé la palabra de la pobreza
a los niños de esta tierra
para que nuestros amos aprendan humanismo

112

y 2

… dame hambre   mucha hambre
También las sobras

Me sentiré más soberbio

Negocia mis necesidades
hasta el papel de limpiarme

Yo recuperaré mi señorío

Aprópiate   si es tu gana   de mi techo
donde me interiorizo
junto a su ventana donde soy un jardín

Yo siempre tendré otro sobre mí
inmenso allá afuera

Enceguece mis ojos
con los que aprendí a escribir sentimiento
meditación y a fabular
también a leer lo que escondía la página pública
que colonizaba el vivir por mis manos

el grano la flor el animal manso

Yo me aprendí
de memoria quién eres

Dispárame sobre los hijos que tú cazas
pero no derribarás mi orgullo de ser múltiple

como revoloteo   como ilusión

113

… fui a conocer al Cristo de la Kristeva
Allí estaba   en una página de su libro
bajo el negro sol de Nerval
tal como lo dejó sobre una tabla Holbein el Joven
un amigo de Reverón que él nunca conoció
Era un cualquiera   un limosnero
Hedía a sudor y a gangrena
igual a aquel muñeco de trapo
que crucificaron en una capilla de Parapara de Ortiz
con hoyos y mordeduras
y sin haberse hecho él mismo ningún milagro
que acabara con ese horror ha claveteado
como le ocurre ahora a este de papel y tinta
tan carne de matadero y de dictadura
y tan hombre   tan únicamente hombre

114

a Amalia

… aunque tú no lo creas
hay tunas que no se atreven a serlo
porque saben que nada sentimos por ellas
y defienden una flor blanquísima y verde
por temor a que se la arrebatemos

Aunque tú no lo creas
quisieran tenderse como un parque
con la hierba
pero sus punzas les lastiman la vida
y piensan que somos nosotros

Aunque tú no lo creas
quisieran tenderse como un parque
con la hierba
pero sus punzas les lastiman la vida
y piensan que somos nosotros

Aunque tú no lo creas
comprenden que nos mostremos así
con ellas

No olvidan quiénes somos

y de qué somos capaces

……

… ¿y esos modos de golondrina
      Amalia   de pronto?

-"es por mí
que estoy triste"

115

a Lucas   el persa

… oculto   secreto dentro de la casa
con sus manchas de ojos grandes
la pelambre de un carnero Samarcanda
Yo tiraba fuerte de ella con el peine dentado
Mi tormento lo hacía gemir
Me mojaron su orine y su excremento
durante la cumbre del dolor

Qué misterio   si no   entre las telas
y las cosas inmóviles
Qué presencia negra invisible
cuando huía a   ocultarse

Después nada supe de él
último de una estirpe de caravaneros

Sebastián lo condujo al patíbulo
Tuvo que hacerlo   morir lo llamaba
Las lágrimas de mi hijo
no lograron retardar su pequeña vida
ofrecida a la nulidad del fuego
y al no ser

116

… tras el brillo del vidrio
nace y muere una fuente en un cuadro

Hay una tinaja
de recoger nubes

y hay la flor esa
la no me olvides
cuando se pone negra

… ¿yo dije que esto es huraño?
Es verdad
Hay vencimientos en las orillas peores que el
desánimo
la punza cunde sobre la realidad
nada es suelo sino lo que alumbra apaga
o bala
y no hay otra parte
en vez del espíritu

118

… ¿cómo saber si es ya?
¿Cuánto falta?
¿Cuándo?   ¿En qué momento?
¿Cómo darse cuenta si ocurriera?
Cuál será el último en decirnos

¿recuerdas la tierra?

era un carabalí

… lo conocí abrasado por la quema
El mismo se empujaba al sacrificio
y se airaba
para apurar su transfiguración

Mañana   a estas horas
volverá a ser el hombre que lleva su nombre
familia del golpe de hacha
y los troncos recios

pero con un ave en alto

120

A José León Tapia

… un paño de sabana
para cubrir la desaparición de los errantes

un médano sobre el bajío
para enaltecer la inocencia de los puros

un modo de estribar largo
para dejar atrás a los malapatria

un soplo del barinés en las palmas
para detener el desencanto

y un botalón plantado en medio de lo ardiente
para amordazar lo que se desboca

121

… el árbol del cerezo
pudo más que su desvanecimiento

Se torció
para sacrificarse por un patio

122

A Enrique Arenas

… ¿qué voluntad te unió a la pomarrosa?

¿Cuándo te enseñó el voladero
a tensar laderas

a contemplar
el presentimiento y lo que ya se fue?

¿y cómo harás para que no se pierda
tu destino en el espacio?

José Antonio Silva

… voy a decírtelo ahora
no vaya a ser que el llano tape también
nuestras palabras

Me pediste una moneda
como la que pagaba la gente de antes
para cruzar la otra vida
y fuera mío aquel caballo con nombre del Dante
Luego me enseñaste un suelo
que temblaba de calor y centellas
con palmas y caños bravos
Cruzó un gavilán
pequeño y gran volador
Me lo mostraste casi cantando
y fuimos a buscar a   Venezuela
Colgábamos nuestras camas de hilo
entre el mugido y los cuernos de Guadarrama
Olíamos a pastor a sudor de pasitrote
mordidos de plaga y de zarzales
Tu casa sigue igual   un jardín como tu amada
Su mejor flor se llama Marcola
Un día derramaste tu sangre
Cómo me hubiera gustado que me mojara
para parecerme a ti

124

… escucho unos ladridos entre estas notas

Los perros se me acercan
olfatean lo que trato de escribir

Ninguno de ellos me deja
Me ronda

Fracaso en mis deberes
Nada me es irreal

Mejor me desespero

125

A Ezequiel

… me fui de las manos de mis amigos
Erraba de una a otra

De mucho estrecharlas
me curé del hielo y de temblar aterido

Tantas manos tuve en las mías
que ya no soy mis manos

son las de mis amigos

126

A la poeta Caneo Agrinzones

… ¿cuánto duraría la yedra ventosa
como un pañuelo sobre su rostro?

¿Qué otro mundo
cruzaría por su sigilo de niña derribada
mientras el gato cerval atrapaba un conejo
en el umbral de su sombra?

¿Con cuánto desgano la ocultaría el vestido
durante la reja entreabierta del despeñadero?

¿Por qué su nombre ya no llama?
Lo recuerdan ahora la yerba bruja
al borde de la acera en Altagracia pobre

o el trazo que trazan por las mejillas
las gotas de nuestra llovizna personal
su insistente inclemencia

y nos queman

127

A Freddy Yáñez

… iré a sentarme
bajo el cují

y no me moveré de él
cuando me vaya

128

… si hubiera bambúes
yo sería un silencioso
y no me asomaría más a mi boca
y si gimiera como ellos
no se lo diría a nadie

… ¿Sigues en este libro hierba mora?

¿Por qué te cubres el rostro con las manos
bajo lo alto de la paloma güira

como si dijeran
no hay más perdón?

……

la playa de plumilla otra vez

… si la cruzas
eres su rama

si te detienes
su pérdida

tu boca cerrada
es su nombre

tus ojos abiertos
peor para ti

130

Verano en el llano

… eso tendido trabado
por lo ardiente

ese suelo que repite afuera
lo mismo

en cualquier parte
y no hace más que mirarnos

en lugar de estar
en nuestra profundidad

131

El

a Baica Dávalos

… aún escucho su ebriedad en esta vuelta de página
y veo su pie desbordando la cama
donde terminaba su infortunio sobre la línea
postrera

Por entre las palabras mal escritas
observo ese mutismo suyo y tropiezos con la tinta

Una calle única y sin pueblo
adelgazó a mi hovero frontino cuando lo frené

Habían curado allí a mi amigo
para no dejarlo morir

abandoné el libro donde nos conocimos
sus frases de palo de jebe
como si fuera un gato montés de cola de borrajo

su última mirada perforada por un astro

132

Desnos a su amada

Terezin 1944

¿Por qué si fui elegido
para flamear entre los dos
como una enredadera
ceden el hilo y la aguja
que nos ataba?

¿Y por qué si me distraigo
inventándote
-así llamaba Keats a lo amado-
soy culpable por revelar tu nombre
donde nunca más te encuentro?

vuelo sobre la iglesia

… qué idolatría por las inmensidades
qué peregrina era

Un orate parecía
un santón con jubón de parda pluma

donde la torre terminaba
tuerta

Se espantó
cuando sonaron los golpes de sepulcro
en el campanario

la verdad más simple

135

… este fue el cementerio de los dioses

El tendido ondulante
es lo último que de ellos se conoce

Vivieron rudo   con maderos
sobre sus nucas

Parecían de carbón
cuando se alborotaba la sombra del conoto

No ocasionaron ningún encantamiento
y la paja blanca los sacó de aquí

… me tiendo sobre tu fragancia
Vivo el recuerdo de tu mancha en la axila
con la forma de tu desnudez

Gozo el sudor que te desviste

Lo huelo en mi sueño
y apenas lo hago
muero de placer para no despertarme

137

… amanece
pero aún brilla la última estrella
La alta noche todavía

… ¿qué dijo la sonaja con plumas?
¿Qué lo que no había?

¿Y por qué te vienes de bruces
como el ángel de las lápidas

en los ripios de Caicara
sobre lo que nunca sucede?

139

… lo silencioso
es el anuncio de una queja

y el latido
no es del pecho

es de alguien que trata de hablarnos
desde lo profundo

140

a Virgilio

… hace ya mucho marzo que la gran mapora
no sacude el cielo de la casa
La derribaron o lo hizo ella misma
Pero yo sigo contemplándola
cuando regreso

141

Deseo de torcaza

… quién fuera irse

y fuera gavilán
para no morir en el viaje

… le han lanzado piedras a mi dulzura

Sopórtalas
Su llaga es ahora
seda pura

Aquí está Celan
"la espina corteja a la herida"

Mejor tragarse el suspiro

143

a Dovilé Kuzminskaité

Llueve mucho en ese pájaro
Ha comenzado temprano
y sigue lloviendo en lo alto del roble
Cómo llueve en ese pájaro   mucho llueve
hasta el destino llueve

Basho y Amalia algún día

… mira   este es el árbol de yabo
-no   es la soledad
pero papá dice que es un yabo
-por eso

145

… ¿eras tú quien murmuraba?
No   yo no
yo escuchaba una bandera en el viento
y me creía libre

¿Eras tú el silencioso?
No   yo no
yo vivía ensimismado
y me creía eterno

¿Eras tú entonces el distraído?
No   yo no
yo soy de no sé dónde
de lo mucho que me espero

El tordo

A William Carlos Williams

… cuántos no viven así   con esa voz
como si rasparan un peltre
la ropa con el olor de los que murieron
una mata sucia por pensión
sin letrina
esperando que los reconozcan
y con un túnel por dentro

147

Restinga

… buscaré un país
que no le tenga miedo a la pureza

Me detendré en él
Haré una casa con su inquietud

a la orilla de una gaviota
al borde de su clamor

148

A Cerati

… domestiqué una flor
¿lo olvidaste?
Era brusca lo mismo que los adverbios de Berceo
Anduvieron tras ella los cuchilleros de jardín
y la protegí con el hechizo y la contemplación
le puse nombre de literatura
Dejó de ser sensible y útil
Se hizo huraña lo mismo que la pringamoza

temerosa de que le dejaran su cabeza de adorno
y la usaran como una falsedad

149

"Los espacios cálidos"

a Vicenete Gerbasi

… Francis Jammes arriaba sus burros
por las curvas de la carretera de San Pablo
hasta el cielo

En el calor de la playa Freites
un pariente pelirrojo   el rostro iracundo
pintaba bajo su sombrero de paja de maíz

Otro   muy lejos de aquí   tosía
en un cuarto de la calle Comercio
Le escribía a Fanny y cuidaba unos caracoles

El más desvalido vino de Recanati
sufría de joroba pero tropezaba contra las estrellas
en los altos de Quebrada Arriba

Yo mostraba en el brazo
el tatuaje de una mapanare de que las Herrera
como un talismán para ostentar hombría

pero no me di vuelta
y se me acabó lo que dejaba

Lo otro

… recuerdo que yo quería seguir
más allá de aquellos matorrales

pero me faltaba
la revelación de lo invisible

y no pude   era lo otro
era lo otro que perdía sombra

151

Mariposa inmóvil

… la estropeó el ventarrón
pero aún se cree exacta   ella misma

engañada por una rama de lino
donde temblaba y ahora la niega

Ah   querida
te he encontrado en el suelo

como nosotros

… el fracaso
eso tan callado

Nada es más franco
Hay algo en él   austero

y uno siente
            la totalidad

153

Servilleta de papel

1

… ninguna cabeza
es más alta que el corazón

2

La impaciencia de la chicharra
Crispa la palma

3

la caída de una lágrima
hace inútil el discernimiento

4

el cadáver de un vuelo
es alguien al final de su alma

Sobre el autor

Estudió periodismo en la Universidad Central de Venezuela y en París. Dirigió el *Papel Literario* de *El Nacional* durante 15 años en los tiempos de Miguel Otero Silva. Fundó y dirigió el suplemento *Feriado* (primera época) del mismo periódico. Fue director de Información Cultural de la agencia de noticias Venpres. Fundó y fue consejero editorial de *Letra G*, suplemento de cultura del periódico *El Globo*. Fue miembro del Consejo editorial de la revista cultural del Banco Central de Venezuela.

Por varios años escribió los fascículos y los guiones de *Venezuela Tierra Mágica* de Corpoven (una de las filiales de PDVSA). Dirigió durante ocho años la revista *Imagen*, del Consejo Nacional de la Cultura CONAC y formó parte de su Directorio. Durante varios años sostuvo la columna "El país Ausente" donde trataba temas relacionados con la vida cultural del interior del país, de sus pueblos y de sus creadores.

Ha sido en varias ocasiones guía de talleres del CELARG. Ha dictado seminarios de poesía en la Universidad Metropolitana de Caracas, otro de postgrado en la Universidad de Carabobo sobre "La poesía contemporánea de Venezuela y la imagen de la intemperie" y realizó un ciclo de charlas en el Museo de Arte Contemporáneo "La poesía es todo", sobre la interrelación de la poesía y las artes, el pensamiento y la mística. Ha participado en diversos foros internacionales acerca del tema de la poesía contemporánea en Estados Unidos, Canadá, Colombia, Holanda, Alemania, Moscú, Italia, España. Fue invitado al Congreso Iberoamericano de Escritores celebrado en Santa Fe de Bogotá.

Ha publicado libros de reportajes y crónicas sobre los hombres y los caballos, reunidos bajo el título de *Llano de Hombres*, una selección de las crónicas periodísticas literarias con el título de *Al filo de la palabra*, *Orinoco por Amazonas*, *El llano, tierra caída*, *Venezuela en blanco y negro* (con fotografías del arquitecto Graciano Gasparini), *El mar vuelve a casa*. Y *Venezuela, con las manos, y con el corazón*, *La lectura común*, editado por la Editorial El perro y la rana. Con el auspicio de la Embajada de Francia en Venezuela publicó (en edición bilingüe); *Los soñadores del Sur*, sobre cuatro humanistas franceses en el sur orinoquense; *El País Ausente* (selección de las crónicas periodísticas del mismo título una sobre los pueblos y la memoria de Venezuela, recogidas por el Fondo editorial del Caribe y por Misiones culturales), *La Llanura improsulta* (con fotografías de Rodrigo Benavides sobre la historia y el presente del hombre de los horizontes y su destino), El Llano, el horizonte es el destino (con imágenes del mismo fotógrafo).

Ha sido traducido al inglés, al francés, al italiano, al alemán, al húngaro, al hebreo, al árabe. Obtuvo el premio CONAC, dos veces el Premio Municipal de Poesía, el Premio Nacional de Periodismo Cultural y el Premio

Nacional de Literatura. Fue nombrado Embajador Representante Permanente de la Delegación de la República Bolivariana de Venezuela ante la Unesco desde 2013 a 2017. Durante los años de su Misión organizó el homenaje de la Unesco al Comandante Hugo Rafael Chávez, sumó para su país cinco patrimonios mundiales inmateriales, el premio de la Unesco por los Infocentros, el reconocimiento por la misma Organización como Buena Práctica el sistema de las Canaimitas de educación tecnológica para escolares, asumió la Presidencia del Mnoal, capítulo Unesco, organizó la Semana de América Latina. Recientemente logró, siempre con su equipo, la elección de Venezuela como miembro del Consejo Ejecutivo de la Organización por el periodo 2017-2021.

Su obra poética comprende: *Si el verano es dilatado, Cosas, Novenario, Rayas de lagartijas, Costumbre de sequía, Resolana, Entreabierto, Señores de la distancia, Mediodía o nunca, Más afuera, La misma vez, Sentimentales, La mirada donde vivimos, Duro, Solamente, Lado, Pasado vuelo, Todo eso, No o Nadie, Luis Alberto Crespo para Niñas y Niños, La íntima desmesura,* traducida al francés. Al mismo idioma fue traducida parte de su obra en la Antología *Trois poètes vénézuéliens,* éditions Le murmure, Conseil Regional de Bourgogne, France, *Tórtola de más arriba,* traducida al italiano, ganadora del Premio de Poesía Internacional I Miosotis de Nápoles, auspiciado por la Unión Latina Europea; *Tierramenta Sé,* y *Yá y Algo es así,* ediciones Arte Dos Gráfico, Bogotá, Colombia son sus libros más recientes. Ha publicado cuatro antologías, *Costumbre de sequía, Como una orilla,* donde recoge parte de su obra, *En lugar del resplandor* y *Ninguno, como la espina.*

Como traductor ha vertido al español la poesía de los poetas franceses de René Char (*Aromas cazadores, Elogio de una sospechosa, Poemas*) y la de Eugene Guillevic. Es integrante del Comité Ejecutivo de la Red Nacional de Escritores de Venezuela. Dirigió durante ocho años junto con el profesor Edgar Colmenares del Valle el programa radial La Lectura de Venezuela, que transmitiera la Radio Nacional de Venezuela. Ha sido distinguido con las condecoraciones: Orden Andrés Bello, Pedro León Torres y Sol de Carabobo, todas en su Primera Clase. Fue presidente durante 15 años de La Casa Nacional de las Letras Andrés Bello, del Ministerio del Poder Popular para la Cultura, donde realizó un vasto programa sobre la comprensión de Venezuela, de sus hombres y mujeres, sus pueblos y sus oficios, su redención cultural y educativa y la incorporación de todas las regiones del país a la política oficial de la promoción de la lectura y a la creatividad del hombre y de su alma libertaria y soberana en atención a los idearios bolivarianos.

Visita nuestra página web en:

www.lahojadelacalle.com

Este libro fue diseñado en los talleres de la editorial
La hoja de la calle